Für dich selbst gemacht

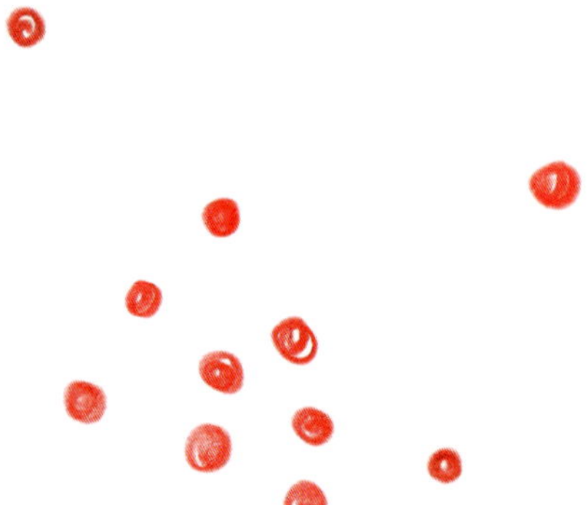

Ira König

Für dich selbst gemacht

Die schönsten Geschenkideen aus meiner Küche

Jan Thorbecke Verlag

VERLAGSGRUPPE PATMOS

PATMOS
ESCHBACH
GRÜNEWALD
THORBECKE
SCHWABEN

Die Verlagsgruppe
mit Sinn für das Leben

MIX
Papier aus verantwortungsvollen Quellen
FSC® C004592

Für die Schwabenverlag AG ist Nachhaltigkeit ein wichtiger Maßstab ihres Handelns. Wir achten daher auf den Einsatz umweltschonender Ressourcen und Materialien. Dieses Buch wurde auf FSC®-zertifiziertem Papier gedruckt. FSC (Forest Stewardship Council®) ist eine nicht staatliche, gemeinnützige Organisation, die sich für eine ökologische und sozial verantwortliche Nutzung der Wälder unserer Erde einsetzt.

www.thorbecke.de

Gestaltung: Finken & Bumiller, Chandima Soysa
Druck: Firmengruppe APPL, Wemding
Hergestellt in Deutschland
ISBN 978-3-7995-0875-9

Inhalt

VORWORT

Machen Sie auch so gerne Geschenke? Am liebsten etwas Selbstgemachtes? Ob Konfitüre, selbstgebackenes Brot, Schokolade, Pralinen, Plätzchen oder Eingemachtes – mit diesem Buch und ein wenig Zeit können Sie Freunden und Familie sehr individuelle, besondere Geschenke machen. Spätestens nach der ersten Kostprobe werden die Beschenkten die Kostbarkeiten aus Ihrer Küche sehr zu schätzen wissen.

Zu Weihnachten werden seit jeher Plätzchen und Stollen gebacken und verschenkt. Das ist eine Tradition, die die Vorweihnachtszeit zu etwas ganz Besonderem macht! Warum sollten wir nicht diese schöne Gewohnheit auf das ganze Jahr ausdehnen? Auch im Frühling, Sommer und Herbst lassen sich kulinarische Köstlichkeiten herstellen, die durch ihre besonderen Rezepturen perfekt in die jeweilige Jahreszeit passen und sich wunderbar als individuelles Geschenk eignen. Lassen Sie sich von den Jahreszeiten inspirieren!

Die ersten warmen Frühlingstage sind immer etwas ganz Besonderes – die lang ersehnten Erdbeeren, feines Frühlingsgemüse, die ersten frischen Kräuter und knackiger Rhabarber kommen auf den Markt. Fangen Sie diese freudige Stimmung ein, mit selbstgemachtem Erdbeermüsli, Kräuterpesto, eingelegtem Spargel und fruchtigem Rhabarber-Ketchup.

Im Sommer ist der Tisch überreich gedeckt! Für laue Sommerabende und ein Frühstück im Freien lassen sich aus süßen Sommerfrüchten und sonnenverwöhnten Kräutern jetzt raffinierte Chutneys, Aromaöle, feine Kräutersalze, Konfitüren und Gelees herstellen.
Im Herbst läuft die Natur noch einmal zur Höchstform auf! Genießen Sie die reiche Ernte - hier stehen süße Hagebuttenküchlein, Quittenkonfekt, Nussmarzipan und duftendes Kastanienbrot auf der Geschenkliste.
In der kalten Jahreszeit sind gemütliche Stunden in der Küche eine schöne Tradition. Genießen Sie die Winterzeit und verwöhnen Sie Ihre Familie und liebe Freunde mit selbstgemachter Schokolade, Schoko-Trüffeln, Stollen und aromatischer Wintermarmelade.

Egal zu welcher Jahreszeit - die Augen der Beschenkten werden leuchten, wenn sie Ihre liebevoll gemachten und verpackten Köstlichkeiten probieren.

Viel Spaß beim Ausprobieren und Verschenken wünscht Ihnen

Ira König

FRÜHLING

Pesto aus Frühlingskräutern

Zutaten (für ca. 300 g)

100 g gemischte Frühlingskräuter (z.B. Kerbel, Dill, Schnittlauch, Petersilie, Bärlauch)
50 g gemahlene Mandeln
50 g Parmesan (am Stück)
150 ml + etwas Olivenöl
1/2 TL abgeriebene Schale einer Bio-Zitrone
Salz
Pfeffer

1. ..... Die Kräuter waschen, trockenschleudern und abzupfen. Die Kräuter grob hacken. Die Mandeln in einer Pfanne ohne Fett unter Wenden goldbraun rösten, bis sie duften. Aus der Pfanne nehmen und auskühlen lassen. Den Parmesan fein reiben.

2. ..... Die Kräuter mit 80 ml Öl fein pürieren. Übriges Öl, Mandeln und Parmesan unterrühren. Das Pesto mit Zitronenschale, Salz und Pfeffer würzen. Das Pesto in Gläser füllen, mit etwas Olivenöl bedecken, verschließen und beschriften.

Frühlings-
Pesto

Spargel im Zitronengrassud

Zutaten (für 3 Gläser à 750 ml)
2 kg weißer Spargel
3 Stangen Zitronengras
50 g Ingwerknolle
3 Knoblauchzehen
1 TL Salz
1 TL flüssiger Honig
3 Weckgläser mit Gummiringen und Spangen (je 750 ml Inhalt)

1. ..... Den Backofen auf 150 °C vorheizen. Den Spargel schälen und die holzigen Enden abschneiden. Den Spargel in 6 cm lange Stücke schneiden. Das Zitronengras waschen und längs einritzen. Den Ingwer schälen und in Scheiben schneiden. Den Knoblauch schälen.

2. ..... 2,5 l Wasser, Zitronengras, Ingwer, Knoblauch, Salz und Honig aufkochen. Den Spargel hineingeben und geschlossen aufkochen. 1 Minute kochen lassen. Spargelsud und Spargel durch ein feines Sieb in einen Topf gießen. Den Spargelsud nochmals aufkochen. Die Spargelstücke in den Gläsern verteilen. Mit dem kochenden Sud auffüllen. Die Gläser mit Gummiringen und Spangen verschließen.

3. ..... Die Gläser in die Fettpfanne des Backofens stellen und in den Ofen schieben. Wasser aufkochen und so viel in die Fettpfanne gießen, dass die Gläser 2–3 cm im Wasser stehen. Die Gläser 1 Stunde einkochen, dann aus dem Ofen nehmen und auskühlen lassen. Die Spangen entfernen und die Gläser beschriften.

Tipp: Dazu schmeckt ein Dip aus 2 EL Sojasauce, 1 EL geröstetem Sesam, 1 EL gehacktem Koriander, 1 EL gehackten Frühlingszwiebeln und 2 EL Sesamöl.

Rhabarber-Tomaten-Ketchup

Zutaten (für ca. 1,4 l)
1,2 kg Tomaten
1,5 kg Rhabarber
2 Zwiebeln
2 Knoblauchzehen
1/2 TL Cayennepfeffer
1/2 TL Gewürznelken
1 TL Koriandersamen
1 TL Fenchelsamen
1 Lorbeerblatt
200 ml Apfelessig
150 g Zucker
Salz

1. ..... Die Tomaten, waschen und vierteln. Den Rhabarber putzen, waschen und in Stücke schneiden. Je 1 kg Tomaten und Rhabarber abwiegen. Die Zwiebeln und den Knoblauch schälen und hacken.

2. ..... Die Tomaten, den Rhabarber, die Gewürze, den Essig und den Zucker in einen weiten Topf geben und unter Rühren aufkochen. Die Masse ca. 1 Stunde unter gelegentlichem Rühren offen köcheln lassen.

3. ..... Die Masse durch ein Sieb in einen Topf passieren und erneut aufkochen. Nach Belieben salzen und nochmals ca. 20 Minuten offen köcheln lassen. Das Ketchup in vorbereitete Flaschen füllen und auskühlen lassen. Kühl aufbewahren.

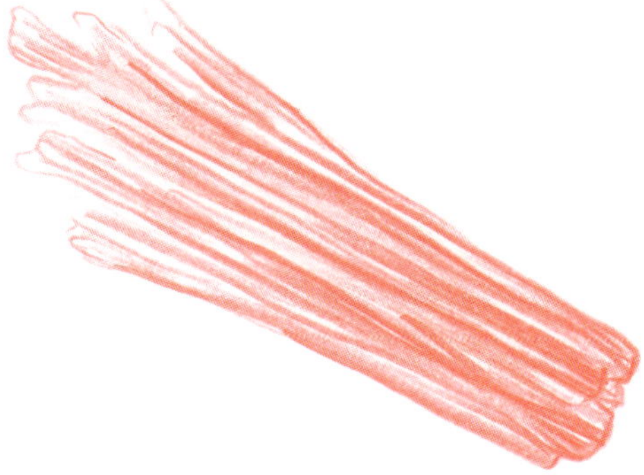

Erdbeer
Müsei

Erdbeermüsli für Feinschmecker

Zutaten
(für 2 große Tüten)
200 g Erdbeeren
Zucker
150 g kernige
Haferflocken
1/2 1 Tafel weiße
Schokolade
30g 50 g geschälte
ungesalzene
Pistazien
50g 150 g Cornflakes
Backpapier

1. ..... Die Erdbeeren waschen und gut trockentupfen. Die Erdbeeren putzen und in 1 mm dünne Scheiben schneiden. Die Erdbeerscheiben auf mit Backpapier belegte Backbleche verteilen, mit etwas Zucker bestreuen und 1 ½ Stunden bei knapp 100 °C im Ofen trocknen. Aus dem Ofen nehmen und auskühlen lassen.

2. ..... Die Hälfte der Haferflocken in einer Pfanne ohne Fett unter Wenden rösten, bis sie duften. 2 EL Zucker zugeben und unter Wenden schmelzen lassen. Die Haferflocken-Crunchies auf einen Teller geben und auskühlen lassen. Mit den übrigen Haferflocken ebenso verfahren.

3. ..... Die Schokolade und die Pistazien grob hacken. Die Erdbeerchips vorsichtig vom Backpapier ablösen. Alle Zutaten in einen Beutel schichten und mit einem Etikett versehen.

Rhabarber-Erdbeer-Kuchen aus dem Glas

Zutaten (für 4 Kuchen)
200 g Rhabarber
100 g kleine Erdbeeren
1 EL Speisestärke
250 g Butter
200 g Zucker
1 Päckchen Vanillinzucker
4 Eier
1 Päckchen Backpulver
230 g Weizenmehl (Typ 1050)
100 ml Milch
4 Weckgläser mit Glasdeckel, Gummiringen und Spangen (500 ml Inhalt)
Fett und Semmelbrösel für die Gläser

1. ..... Die Gläser fetten und mit Semmelbröseln ausstreuen. Den Rhabarber putzen, waschen und trockentupfen. Den Rhabarber in kleine Stücke schneiden. Die Erdbeeren waschen, trockentupfen und den Stielansatz entfernen. Je nach Größe evtl. halbieren. Den Rhabarber und die Erdbeeren mit der Stärke vermengen und in das Gefrierfach stellen.

2. ..... Die Butter, den Zucker und den Vanillinzucker cremig rühren. Die Eier nacheinander unterrühren. Das Backpulver und das Mehl mischen und abwechselnd mit der Milch unterrühren. Die Früchte sorgfältig unterheben. Den Teig in die Gläser füllen und im vorgeheizten Ofen bei 200 °C 50 Minuten backen.

3. ..... Die fertigen Kuchen aus dem Ofen nehmen und mit den Deckeln sofort fest verschließen. Auskühlen lassen und beschriften.

Katzenzungen

Zutaten
(für ca. 65 Stück)
200 g weiche Butter
150 g Puderzucker
3 Eier
3 EL Orangenlikör
abgeriebene Schale
1/2 Bio-Zitrone
300 g Mehl
200 g Halbbitter-
kuvertüre
Backpapier

1. ..... Die Butter, den Puderzucker und die Eier mit den Quirlen des Handrührgerätes schaumig rühren. Den Likör und die Zitronenschale zugeben und unterrühren. Das Mehl nach und nach darübersieben und unterrühren.

2. ..... Den Teig in einen Spritzbeutel mit glatter Lochtülle (Nr. 3) geben und 5 cm lange Katzenzungen auf ein mit Backpapier ausgelegtes Backblech spritzen. Dazu mit einem Tupfen anfangen, dann einen ca. 3 cm langen, schmalen Streifen spritzen und mit einem zweiten Tupfen enden. Die Katzenzungen ca. 12 Minuten backen (E-Herd: 180 °C, Gas Stufe 2, Umluft: 160 °C), dann auskühlen lassen.

3. ..... Die Kuvertüre über einem heißen Wasserbad unter Rühren schmelzen. Die Katzenzungen dicht an dicht auf eine Arbeitsfläche legen und mit flüssiger Kuvertüre verzieren, trocknen lassen. Die Katzenzungen in Dosen oder Klarsichtbeutel geben, verschließen und kühl und dunkel aufbewahren.

Kräuter-Brötchen im Tontopf

Zutaten
(für 8 Stück)
200 g Pellkartoffeln (vom Vortag)
1 Päckchen Trockenhefe
200 ml lauwarmes Wasser
1/2 TL Zucker
300 g Mehl
1 TL Salz
2 EL Olivenöl
2 EL frisch geriebener Parmesankäse
abgeriebeane Schale 1/2 Bio-Zitrone
3 EL gehackte Frühlingskräuter (z.B. Dill, Bärlauch, Kerbel, Petersilie, Schnittlauch)

1. ..... 8 kleine Tontöpfe (5 cm Ø) mit Wasser spülen, trockenreiben und mit Backpapierstreifen auslegen. Die Pellkartoffeln pellen und reiben oder mit einer Gabel fein zerdrücken.

2. ..... Die Hefe, 200 ml lauwarmes Wasser und den Zucker verrühren. Die Hefemischung, die Kartoffeln, das Mehl und das Salz zu einem glatten Teig verkneten. Das Öl, den Parmesan, die Zitronenschale und die Kräuter unterkneten. Den Teig zugedeckt an einem warmen Ort 1 Stunde gehen lassen.

3. ..... Den Teig nochmals durchkneten, in acht Stücke teilen und in den Tontöpfen verteilen. Weitere 20 Minuten gehen lassen. Im heißen Ofen bei 200 °C ca. 30 Minuten backen. Auskühlen lassen. Die Brötchen einzeln mit einem Kräutersträußchen in Klarsichtfolie verpacken.

Tipp: Sie können die Brötchen auch in einer Muffinform backen oder den Teig von Hand zu Brötchen formen und auf einem mit Backpapier ausgelegten Backblech backen.

Erdbeer-Basilikum-Sirup

Zutaten (für 0,75 l)
500 g Erdbeeren
600 g Zucker
300 ml Wasser
Schale und Saft ½ Bio-Zitrone
1 Bund Basilikum
Mulltuch

1. ..... Die Erdbeeren waschen, abtropfen lassen und den Stielansatz entfernen. Die Erdbeeren klein schneiden. Den Zucker mit dem Wasser unter Rühren langsam aufkochen. Die Erdbeeren, den Zitronensaft und die -schale zugeben, aufkochen und 5 Minuten köcheln lassen.

2. ..... Die Basilikumstiele waschen, die Blätter abzupfen und grob zerzupfen. Die Sirupmasse vom Herd nehmen. Das Basilikum zugeben und unterrühren. 10 Minuten ziehen lassen. Das Mulltuch anfeuchten und in ein feines Sieb legen. Den Sirup samt Beeren und Basilikum langsam durch das Mulltuch in einen Topf gießen. Saubere Flaschen mit heißem Wasser ausspülen und in warmes Wasser stellen. Den Sirup nochmals aufkochen und in die Flaschen gießen. Die Flaschen verschließen, auskühlen lassen und beschriften.

SIRUP

Erdbeer-Ananas-Konfitüre

Zutaten
(für 4 Gläser à 250 ml)
1 große Ananas
600 g Erdbeeren
500 g Gelierzucker 2:1
2 EL Orangenlikör
4 Einmachgläser
(à ca. 250 ml)

1. ..... Die Ananas schälen, vierteln und den Strunk entfernen. 500 g Fruchtfleisch abwiegen und in kleine Würfel (1 cm × 1cm) schneiden. Die Erdbeeren waschen, den Stielansatz entfernen und 500 g Fruchtfleisch abwiegen. Die Erdbeeren klein schneiden.

2. ..... Die Ananas und die Erdbeeren in einem Topf mit dem Gelierzucker vermengen. Unter Rühren langsam aufkochen. 3 Minuten sprudelnd kochen lassen. Den Likör unterrühren. Die Konfitüre in die vorbereiteten Gläser füllen, verschließen und auf den Deckel drehen. Nach 5 Minuten wieder umdrehen und auskühlen lassen.

Möhren-Mango-Confit

Zutaten (für ca. 1,2 l)

1 kg Möhren
2 Bund Frühlingszwiebeln
1 walnussgroßes Stück frischer Ingwer
3 Knoblauchzehen
2 rote Chilischoten
100 ml Olivenöl
10 EL brauner Zucker
1 gehäufter TL Salz
200 ml Weißweinessig
2 Mangos

1. ..... Die Möhren putzen, schälen und fein würfeln. Die Frühlingszwiebeln putzen, waschen und in feine Würfel schneiden. Den Ingwer und den Knoblauch schälen und fein hacken. Die Chili waschen, entkernen und in feine Ringe schneiden.

2. ..... Das Öl in einem Topf erhitzen. Die Frühlingszwiebeln, den Ingwer, den Knoblauch und die Chili darin kurz andünsten. Den Zucker dazugeben und unter Rühren karamellisieren lassen. Das Salz, den Essig, 400 ml Wasser und die Karottenwürfel zugeben. Aufkochen und 10 Minuten offen köcheln lassen.

3. ..... Die Mangos schälen und das Fruchtfleisch in kleine Würfel schneiden. Die Würfel zu den Karotten geben. Aufkochen und weitere 5 Minuten geschlossen köcheln lassen. Noch heiß in vorbereitete Gläser füllen, verschließen und auskühlen lassen.

SOMMER

Rosmarin-Käse-Cantuccini

Zutaten (für 18 Stück)
3 Zweige Rosmarin
250 g Mehl
100 g weiche Butter
50 g frisch geriebener Parmesan
1 TL Backpulver
2 Eigelb
1 Knoblauchzehe
Salz
Cayennepfeffer
Backpapier

1. ..... Die Rosmarinnadeln von den Stielen zupfen und fein hacken. Das Mehl, die Butter, den Parmesan, das Backpulver, den gehackten Rosmarin und die Eigelbe in eine Schüssel geben. Den Knoblauch schälen und dazupressen. 3–4 EL kaltes Wasser zugeben und mit Salz und Cayennepfeffer würzen. Die Zutaten sorgfältig zu einem glatten Teig verkneten.

2. ..... Den Teig zu einem dicken Streifen (28 cm × 8 cm) formen, und auf ein mit Backpapier ausgelegtes Backblech legen und bei 180 °C 20 Minuten backen.

3. ..... Nach 20 Minuten den Teigstreifen in ca. 18 schräge Stücke schneiden. Die Cantucchini auf dem Backblech verteilen und bei gleicher Temperatur nochmals 15 Minuten backen. Herausnehmen und auf einem Kuchengitter auskühlen lassen.

Pfirsich-Chutney

Zutaten
(für 5 Gläser à 250 ml)
1 kg Pfirsiche
250 g rote Zwiebeln
2 grüne Chilischoten
1 Stück (20 g) Ingwer
400 g Zucker
1 TL Salz
200 ml Apfelessig

1. ..... Die Pfirsiche waschen und entsteinen. Das Fruchtfleisch klein schneiden. Die Zwiebeln schälen und würfeln. Die Chili waschen, entkernen und in dünne Ringe schneiden. Den Ingwer schälen und fein hacken.

2. ..... Die vorbereiteten Pfirsiche mit den Zwiebeln, den Chilis, dem Ingwer, dem Zucker, dem Salz und dem Essig unter Rühren aufkochen und bei mittlerer Hitze offen 1 Stunde köcheln lassen. Die heiße Masse sofort in vorbereitete Gläser füllen, verschließen und für 5 Minuten auf den Deckel stellen. Dann umdrehen und auskühlen lassen.

Brotstangen mit Lavendel

Zutaten (für 32 Stück)
500 g Mehl
1 Päckchen Trockenhefe
1 gehäufter TL Salz
1 EL flüssiger Honig
2 gehäufte TL getrocknete Lavendelblüten
1/2 TL getrockneter Thymian
1 EL Olivenöl
Backpapier

1. ..... Das Mehl, die Hefe und das Salz in einer Schüssel mischen. Den Honig, den Lavendel, den Thymian und 300 ml lauwarmes Wasser zugeben und sorgfältig verkneten. Das Öl zum Schluss unterkneten. Den Teig zugedeckt an einem warmen Ort ca. 45 Minuten gehen lassen.

2. ..... Den Teig nochmals durchkneten und vierteln. Aus jedem Teigviertel acht Stangen (je 20 cm Länge) formen, dabei leicht in sich verdrehen und auf mit Backpapier ausgelegte Backbleche verteilen. Die Stangen im heißen Ofen bei 225 °C ca. 15 Minuten goldbraun backen.

Tipp: Die Brotstangen schmecken köstlich zu herzhaftem Frischkäse!

Fruchtsaftgummis

Zutaten
(50–60 Stück)
450 ml ungesüßter Fruchtsaft
120 ml Grenadine (Granatapfelsirup)
10 g Agar Agar (pflanzliches Bindemittel)
1 Päckchen Zitronensäure
90 g Zucker
9 g Apfelpektin
Klarsichtfolie

1. ..... Eine Form (24 cm × 18 cm) leicht mit Öl bepinseln und mit Klarsichtfolie auslegen. Frucht-saft, Grenadine, Agar Agar und Zitronensäure in einen Topf geben. Unter Rühren aufkochen und 3-4 Minuten kochen lassen. Vom Herd nehmen.

2. ..... Zucker und Apfelpektin mischen, einrühren und nochmals aufkochen, 1 Minute kochen lassen. Vom Herd nehmen. Die Masse in die Form gießen und auskühlen lassen.

3. ..... Die Fruchtsaftplatte vorsichtig aus der Form heben und mit der Folie auf eine Arbeitsplatte setzen. Mit kleinen Ausstechformen zu verschiedenen Motiven ausstechen oder in Würfel schneiden. Die Fruchtsaftgummis auf eine Platte setzen und an einem kühlen und dunklen Ort 1-2 Tage trocknen lassen, dabei einmal wenden.

Sommerbeerenlikör

Zutaten (für 700 ml)
350 g gemischte Sommerbeeren (z.B. Himbeeren, Johannisbeeren, Brombeeren, Erdbeeren)
1 Vanilleschote
100 g weißer Kandis
1 Zimtstange
0,7 l Wodka
Mulltuch

1. ..... Die Beeren verlesen, putzen und waschen. Die Beeren gut abtropfen lassen, trockentupfen und die Stiele entfernen. Die Vanilleschote mit einem scharfen Messer längs aufschlitzen. Die Schote quer halbieren.

2. ..... Die Beeren, den Kandis, die Zimtstange, die Vanilleschote und den Wodka in ein verschließbares sauberes Gefäß (mind. 2 l Inhalt) füllen. 4 Wochen an einem kühlen, dunklen Ort durchziehen lassen.

3. ..... Ein Sieb mit einem sauberen Mulltuch auslegen. Den Likör langsam durch dieses Mulltuch in einen Topf gießen. Den Likör in kleine Flaschen abfüllen. Kühl stellen.

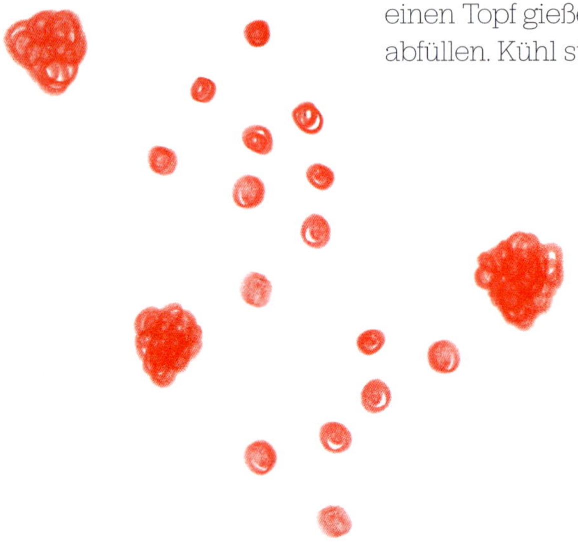

Beeren-
Likör

Aprikosenkonfitüre mit Mandeln und Maraschino

Zutaten
(6 Gläser à 200 ml)
1 kg entsteinte und geputzte Aprikosen
3 EL Zitronensaft
3 EL Mandelstifte
500 g Gelierzucker 2:1
4 EL Maraschino (ital. Kirschlikör)

1. ..... Die Aprikosen klein schneiden und in einen großen Topf geben. Den Zitronensaft, die Mandelstifte und den Gelierzucker zugeben und alles gründlich verrühren.

2. ..... Die Konfitüremasse bei starker Hitze unter Rühren aufkochen und 3 Minuten offen köcheln lassen. Den Maraschino unterrühren. Die Konfitüre in vorbereitete Twist-off-Gläser füllen, fest verschließen und für 5 Minuten auf den Deckel stellen. Umdrehen und auskühlen lassen.

Beeren-Rosen-Gelee

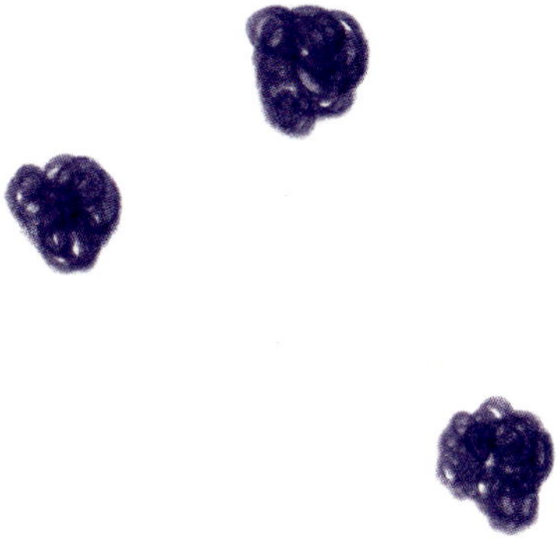

Zutaten (für 6 Gläser à 200 ml)
1,8 kg gemischte Beeren (z.B. Himbeeren, Johannisbeeren, Erdbeeren, Brombeeren, Heidelbeeren)
500 g Gelierzucker 2:1 (für 900 ml Fruchtsaft)
1 EL Rosenwasser

1. ..... Die Früchte verlesen bzw. waschen und entstielen. Im Dampfentsafter 45 Minuten entsaften. 900 ml Saft abmessen und auskühlen lassen.

2. ..... Saft und Gelierzucker verrühren. Langsam unter Rühren zum Kochen bringen. 3 Minuten sprudelnd kochen lassen. Das Rosenwasser unterrühren. Das Gelee in vorbereitete Gläser abfüllen, verschließen und auf den Deckel stellen. Nach 5 Minuten umdrehen und auskühlen lassen.

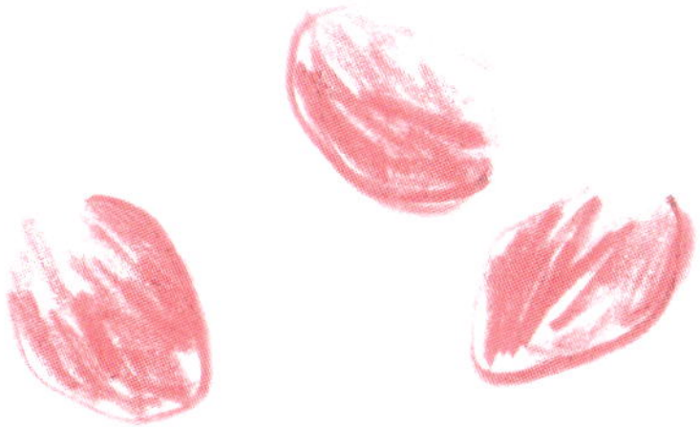

Eingelegte Knoblauch-Chilis

Zutaten (für 3 Gläser à 250 ml)

500 g kleine rote Chilischoten
8 Knoblauchzehen
$^{1}/_{8}$ l Sherryessig
$^{1}/_{8}$ l trockener Sherry
$^{1}/_{8}$ l Wasser
8 EL Olivenöl
3 Lorbeerblätter
1 EL Salz
2 EL brauner Zucker

1. ..... Die Chilischoten waschen. Die Knoblauchzehen schälen. Den Essig, den Sherry, $^{1}/_{8}$ l Wasser, das Öl und die Lorbeerblätter in einen Topf geben. Salz und Zucker zufügen und alles unter Rühren aufkochen. Chilischoten und Knoblauch zugeben und 10 Minuten im Sud köcheln lassen.

2. ..... Die Knoblauch-Chilis samt Sud sofort in vorbereitete Gläser verteilen und verschließen. Auskühlen lassen und vor dem Verzehr ca. 3 Wochen durchziehen lassen.

Steakgewürz

Zutaten
(für 2 Portionen)

4 TL schwarze Pfefferkörner
2 TL Cuminsamen
$^{1}/_{2}$ TL gemahlener Zimt
2 EL getrockneter Oregano
1 TL Knoblauchpulver
2 TL Zwiebelpulver
1 EL Paprika Rosenscharf

Pfefferkörner und Cumin in einer Pfanne ohne Fett rösten, bis die Gewürze anfangen zu duften. Auskühlen lassen und fein mahlen. Mit den restlichen Zutaten mischen. In kleine Dosen, Gläser oder Klarsichtbeutel abfüllen.

Limetten-Thymian-Salz

Zutaten (für 2 Portionen)

8 Limetten (unbehandelt)
50 g brauner Zucker
30 g getrocknete Thymianstiele
100 g Meersalz

1. ..... Die Limetten, waschen, trocknen und die Schale fein abreiben. Zucker und 250 ml Wasser aufkochen. Die Limettenschale zugeben und alles ca. 10 Minuten köcheln lassen. Die Thymianblättchen abstreifen.

2. ..... Die Limettenschale durch ein feines Sieb abgießen und abtropfen lassen. Die Schale auf einem mit Backpapier ausgelegten Backblech verteilen und im heißen Backofen bei 100 °C ca. 2 Stunden trocknen lassen.

3. ..... Die getrocknete Limettenschale und die Thymianblättchen fein mahlen und mit dem Salz mischen. In kleine Dosen, Gläser oder Klarsichtbeutel abfüllen.

ZITRONENÖL

Zitronenöl

Zutaten
(für 500 ml)
3 Zweige Rosmarin
4 Bio-Zitronen
3 Lorbeerblätter
500 ml Olivenöl

1. ..... Den Rosmarin mit kochendem Wasser übergießen, gut trockentupfen und 2 Tage liegend auf einem Gitter trocknen lassen. Dabei gelegentlich wenden.

2. ..... Die Zitronen heiß waschen, trockenreiben und die Schale fein abreiben. Die Schale auf einem Backblech ausbreiten und ca. 2 Stunden trocknen lassen.

3. ..... Den Rosmarin, die Zitronenschale und den Lorbeer mit dem Olivenöl übergießen und in einem verschließbaren Gefäß 3–4 Wochen an einem kühlen dunklen Ort ziehen lassen. Das Gewürzöl durch ein feines Sieb in Fläschchen abfüllen und verschließen.

Apfel-Thymian-Essig

Zutaten (für 1/2 l)
12 Stiele Thymian
2 rotschalige Äpfel
500 ml Weißweinessig

1. ..... 6 Stiele Thymian mit kochendem Wasser übergießen, trockentupfen und 2 Tage auf einem Gitter liegend trocknen lassen. Dabei gelegentlich wenden.

2. ..... 1 Apfel waschen, vierteln, entkernen und in kleine Würfel schneiden. Den Essig, die 6 Thymianstiele und die Apfelwürfel in ein verschließbares Gefäß geben und 3–4 Wochen an einem kühlen, dunklen Ort ziehen lassen.

3. ..... 6 Stiele Thymian mit kochendem Wasser übergießen, trockentupfen und 2 Tage auf einem Gitter liegend trocknen lassen. Dabei gelegentlich wenden. 1 Apfel waschen, vierteln, entkernen und in kleine Würfel schneiden. Apfelwürfel und Thymian in kleine Flaschen verteilen und den Essig durch ein feines Sieb in die Flaschen gießen und verschließen.

HERBST

Quitten-Apfel-Konfekt

Zutaten (für ca. 80 Stück)

1,3 kg Quitten
500 g Äpfel
500 ml Wasser
2 EL Zitronensaft
1 kg Gelierzucker (1:1)
2 Sternanis
½ TL abgeriebene Bio-Orangenschale
Fett für die Form

1. ..... Die Quitten und Äpfel waschen und in Stücke schneiden. Dabei die Stiel- und Blütenansätze entfernen. 500 ml Wasser und den Zitronensaft in einen großen Topf geben. Das Obst sofort in das Zitronenwasser geben und aufkochen. Bei mittlerer Hitze geschlossen ca. 45 Minuten weich kochen.

2. ..... Die Obstmasse durch ein Mulltuch über Nacht abtropfen lassen. Die Kerngehäuse aus der Fruchtmasse entfernen und die Früchte fein pürieren. 1 kg der Masse abwiegen und mit dem Gelierzucker in einen großen Topf geben und verrühren. Den Sternanis und die Orangenschale zugeben und die Masse unter regelmäßigem Rühren bei mittlerer Hitze ca. 45 Minuten offen köcheln lassen.

3. ..... Die Masse in eine gefettete Form (20 cm × 30 cm) geben und glatt streichen. Auskühlen lassen und in Würfel schneiden. Das Quittenbrot schmeckt als süßes Konfekt, aber besonders gut zu herzhaftem Käse, z.B. Ziegenkäse oder Manchego.

Eingelegter Camembert

Zutaten (für 4 Gläser à ca. 500 ml)
1 kg Camembert (nicht zu reif)
6 Knoblauchzehen
4 Lorbeerblätter
1 gehäufter TL rosa Pfefferbeeren
1 gehäufter TL Fenchelsamen
ca. 800 ml Rapsöl

1. ..... Den Camembert in mundgerechte Stücke schneiden und in die vorbereiteten Gläser geben.

2. ..... Den Knoblauch schälen und längs halbieren. Den Knoblauch, die Lorbeerblätter, die rosa Pfefferbeeren und den Fenchelsamen in den Gläsern verteilen, mit Öl auffüllen (der Käse sollte bedeckt sein) und verschließen. Kühl und dunkel aufbewahren. Vor dem Verzehr einige Tage durchziehen lassen. Haltbarkeit ca. 14 Tage.

Traubenrelish

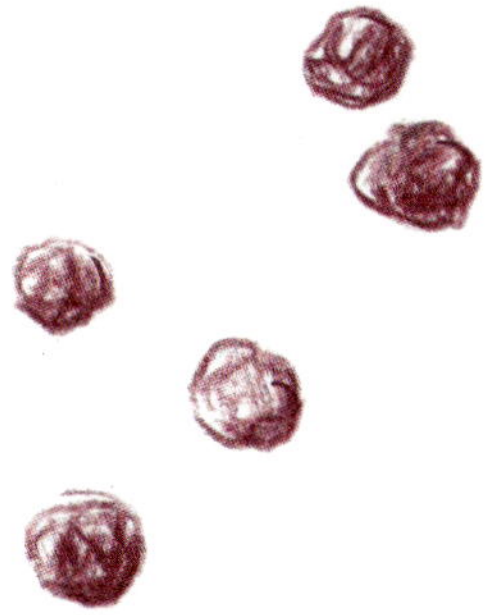

Zutaten
(für 4 Gläser à 500 ml)
1,3 kg rote kernlose Weintrauben
2 grüne Chilischoten
1 große Gemüsezwiebel
350 g Zucker
1 TL Salz
$^1/_2$ l Apfelessig
250 ml Wasser
200 g getrocknete Kirschen
5 Sternanis
2 Zimtstangen
12 Wacholderbeeren
8 EL milder Grappa

1. ..... Die Weintrauben waschen und von den Stielen zupfen. Die Chilischoten waschen, putzen und entkernen, dann fein hacken. Die Zwiebel schälen und würfeln.

2. ..... Den Zucker, das Salz, den Essig und das Wasser unter Rühren aufkochen. Die Trauben, die Chili, die Zwiebeln und die Kirschen zugeben und bei schwacher Hitze ca. 8–10 Minuten im Essigsud ziehen lassen.

3. ..... Die Trauben durch ein feines Sieb abgießen und den Sud dabei auffangen. Die Trauben, die Chilis, die Kirschen und die Zwiebeln in vorbereitete Gläser verteilen. Den Sud mit den Gewürzen aufkochen und in den Gläsern verteilen. Je 2 EL Grappa in jedes Glas geben und diese sofort verschließen. Vor dem Verzehr ca. 3 Wochen ziehen lassen.

Kastanienbrot

Zutaten (für 2 Brote)
450 g Mehl
100 g + etwas Maisgrieß (Polenta)
1 Päckchen Trockenhefe
1 gehäufter TL Salz
1 TL getrocknete Kräuter der Provence
320 ml lauwarmes Wasser
150 g gekochte Esskastanien (Maronen)
1 Bio-Zitrone

1. ..... Das Mehl, 100 g Maisgrieß, die Hefe, das Salz und die getrockneten Kräuter in einer Schüssel vermengen. 320 ml lauwarmes Wasser zugeben und alles zu einem glatten Teig verkneten. Die Teigkugel mit etwas Mehl bestäuben und zugedeckt an einem warmen Ort 45 Minuten gehen lassen.

2. ..... Die Maronen fein hacken. Die Zitrone waschen, trockenreiben und die Schale fein abreiben. Den gegangenen Teig nochmals durchkneten, dabei die Maronen und die Zitronenschale unterkneten. Den Teig zu zwei runden Laiben formen und die Oberfläche mit einem Messer rautenförmig einschneiden. Die Teiglaibe nochmals 15 Minuten gehen lassen.

3. ..... Die Teiglaibe mit Wasser bepinseln und mit etwas Maisgrieß bestreuen. Bei 250 °C 15 Minuten backen. Dann auf 200 °C herunterschalten und weitere 15 Minuten fertig backen. Die Brote herausnehmen und auskühlen lassen.

Asiatische Gewürznüsse

Zutaten (für ca. 6 Portionen)
3 EL Zucker
1 TL Curry
1 TL gemahlener Kreuzkümmel
2 EL Sojasoße
2 EL Öl
1 TL Essig
1 TL Salz
400 g geschälte, ungesalzene Nüsse und Kerne (z.B. Walnüsse, Cashewkerne, Mandeln und Erdnüsse)
Backpapier

1. ..... Die Zutaten verrühren, über die Nüsse und Kerne geben und sorgfältig vermengen. Die Masse in eine Form oder auf ein mit Backpapier belegtes Backblech geben und verteilen. Im heißen Ofen bei 180 °C 20 Min. backen. Die Masse auf einer mit Backpapier ausgelegte Arbeitsfläche verteilen und auskühlen lassen.

2. ..... Die Nüsse in Stücke teilen und in Dosen oder Gläser schichten. Dabei immer ein Stück Pergamentpapier zwischen die einzelnen Schichten legen.

Nuss-Marzipan-Konfekt

Zutaten
(für ca. 42 Stück)
100 g gemahlene Haselnusskerne
200 g Marzipanrohmasse
3 EL Orangenlikör
1 TL Zitronensaft
5–6 Haselnusskerne

1. ..... Die gemahlenen Haselnüsse in einer Pfanne ohne Fett unter Rühren rösten, bis sie anfangen zu duften. Die Nüsse aus der Pfanne nehmen und auskühlen lassen.

2. ..... Die Marzipanrohmasse in Stückchen, die gemahlenen Haselnüsse, den Likör und den Zitronensaft glatt verkneten. Mit einer Küchenrolle die Masse auf Backpapier zu einem Rechteck (11 cm × 15 cm) formen und in gleich große Würfel schneiden.

3. ..... Die Haselnusskerne mit einem scharfen Messer in Scheiben schneiden. Das Konfekt in bunte Papiermanschetten setzen und mit den Haselnüssen verzieren.

Müsliriegel

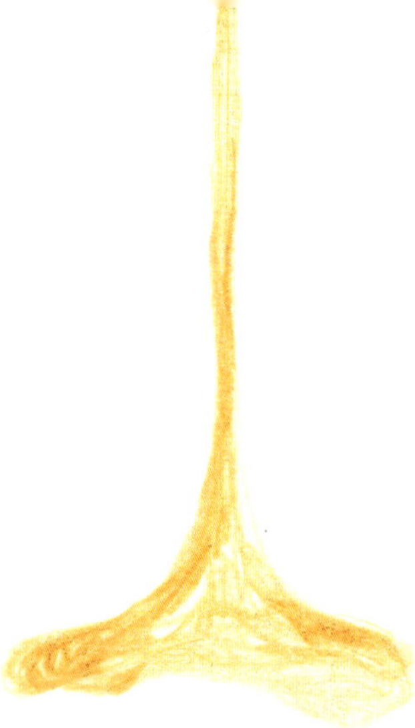

Zutaten
(für ca. 35 Stück)
2 EL Erdnussbutter
125 g Honig
60 g brauner Zucker
30 g Bananenchips
80 g Cashewkerne
50 g Mandelkerne (mit Haut)
50 g getrocknete Soft-Pflaumen
130 g kernige Haferflocken
Alufolie

1. ..... Den Backofen auf 150 °C vorheizen. Die Erdnussbutter, den Honig und den Zucker in einem Topf bei mittlerer Hitze unter Rühren schmelzen lassen.

2. ..... Die Bananenchips, die Cashewnüsse und die Mandeln grob hacken. Die Pflaumen in kleine Würfel schneiden. Die Haferflocken, die Bananenchips, die Cashewnüsse, die Mandeln und die Pflaumen zu der Honigmasse geben und sorgfältig verrühren.

3. ..... Die Alufolie auf ein Backblech legen und die Masse mit einem angefeuchteten Löffel darauf zu einem Rechteck (28 cm × 22 cm) verstreichen. Dabei vorsichtig festdrücken. Im heißen Ofen 20 Minuten backen. Herausnehmen, etwas abkühlen lassen und noch warm in 35 Rechtecke schneiden. Die Müsliriegel in Dosen schichten, dabei Pergamentpapier zwischen die einzelnen Lagen legen.

Kürbiskrokant mit Chili

Zutaten
(für ca. 6 Portionen)
150 g Zucker
1 EL Honig
200 ml Wasser
100 g Cashewkerne
200 g Kürbiskerne
(ohne Schale)
grobes Meersalz
Chiliflocken
Backpapier

1. ..... Den Zucker, den Honig und das Wasser unter Rühren in einem Topf aufkochen. 8–9 Minuten sirupartig einkochen lassen. Die Cashewkerne grob hacken.

2. ..... Die Kürbis- und die Cashewkerne mischen und auf einem Backblech verteilen. Den Sirup darübergießen und alles sorgfältig vermengen. Im heißen Ofen bei 180 °C ca. 20 Minuten goldbraun backen. Dabei mehrmals wenden. Die Masse auf Backpapier geben und glatt streichen. Mit einem zweiten Bogen Backpapier bedecken und mit einem Nudelholz dünn ausrollen. Das obere Backpapier entfernen und die Masse mit Salz und Chiliflocken bestreuen. Auskühlen lassen und in mundgerechte Stücke brechen.

Süße Hagebuttenküchlein

Zutaten (für 12 Stück)

150 g weiche Butter
1/2 TL abgeriebene Bio-Zitronenschale
150 g Zucker
3 Eier
200 g Mehl
1 gehäufter TL Backpulver
2 EL Milch
200 g Doppelrahm-Frischkäse
1/2 TL Speisestärke
1 Päckchen Vanillinzucker
3 EL Hagebutten-Konfitüre
Fett und Semmelbrösel für die Form

1. ..... Eine Muffinform mit 12 Mulden fetten und mit Semmelbröseln ausstreuen. Die Butter mit der Zitronenschale und dem Zucker cremig rühren. 2 Eier nacheinander zugeben und sorgfältig unterrühren. Das Mehl und das Backpulver mischen und abwechselnd mit der Milch unterrühren.

2. ..... Den Frischkäse, 1 Ei, die Stärke und den Vanillinzucker glatt verrühren. Den Teig in den Mulden verteilen. Die Hälfte der Konfitüre in kleinen Klecksen auf dem Teig verteilen. Die Frischkäsemasse daraufgeben. Im heißen Backofen bei 180 °C 30 Minuten backen. Die fertigen Muffins auskühlen lassen und die übrige Konfitüre als Kleckse auf den Muffins verteilen. Die Muffins einzeln mit Butterbrotpapier umwickeln und dieses mit Küchengarn festbinden.

Pilzrisotto-Mischung mit Haselnüssen

Zutaten (für 1 Beutel; 4–6 Personen)
10 g getrocknete Pfifferlinge
3 EL Haselnusskerne (mit Haut)
250 g Risottoreis
2–3 Stiele getrockneter Thymian

Die Pilze im Blitzhacker fein zermahlen. Die Haselnusskerne grob hacken. Den Reis, die Haselnüsse, die Pilze und den Thymian in ein Weckglas oder einen Klarsichtbeutel geben, diesen verschließen und beschriften.

Zubereitung: 1 Zwiebel und 1 Knoblauchzehe schälen, fein hacken und in 3 EL heißem Olivenöl andünsten. Die Risottomischung zugeben und glasig dünsten. Nach und nach mit 125 ml trockenem Weißwein und 750 ml heißer Fleischbrühe ablöschen und ca. 40 Minuten garen. Zum Schluss geriebenen Parmesan unterheben.

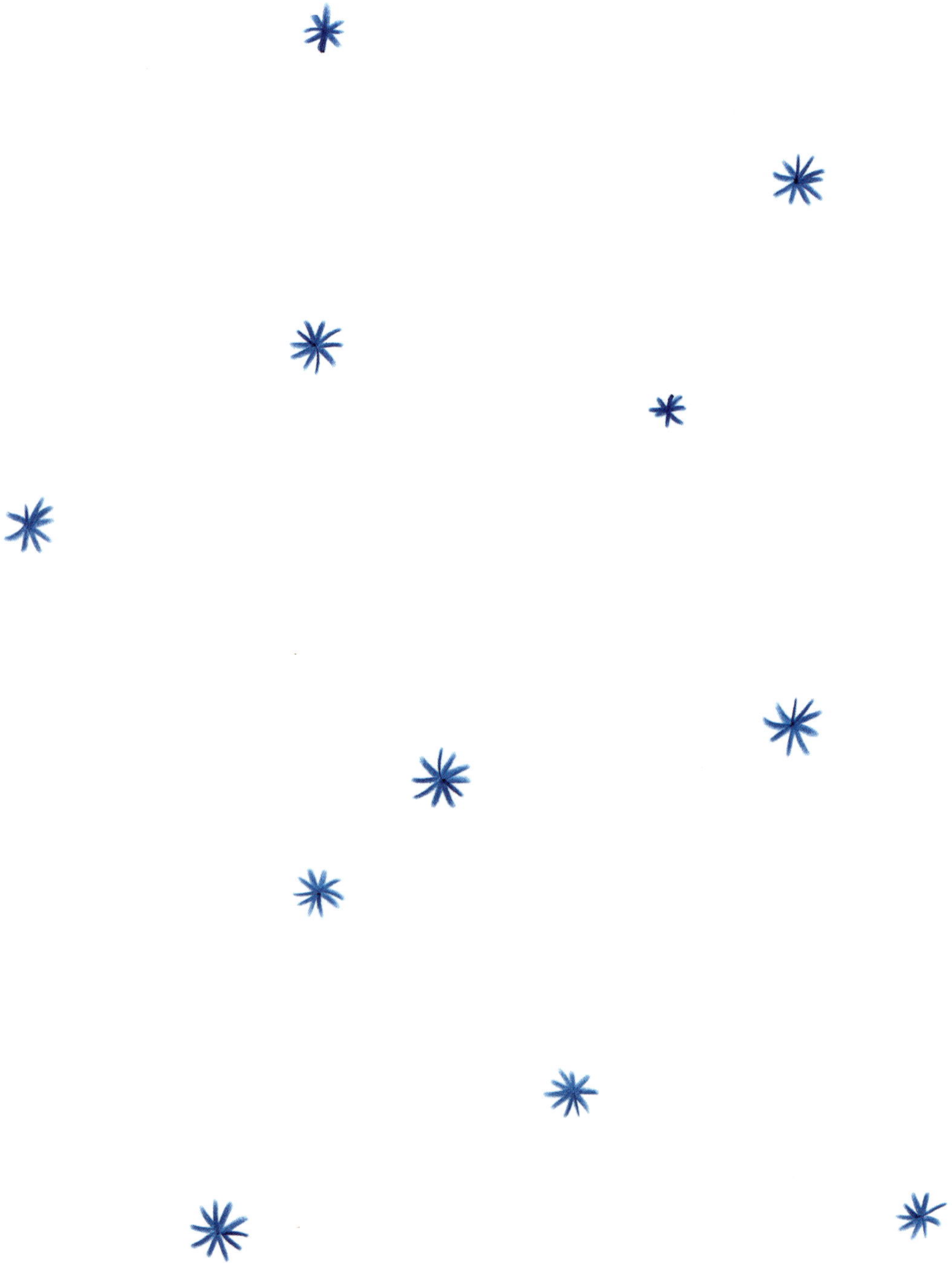

WINTER

Trinkschokolade mit Wintergewürzen

Zutaten
(für 6 Klarsichtbeutel)
300 g Zartbitter-kuvertüre
3 Vanilleschoten
6 kleine Zimtstangen
6 getrocknete rote Chilischoten
6 Sternanis
12 Stück braune Würfelzucker

1. Die Kuvertüre auf einer sauberen Arbeitsfläche fein hacken. Wasser in einem Topf auf ca. 55 °C erhitzen. Einen zweiten Topf so daraufsetzen, dass er nicht mit dem heißen Wasser in Berührung kommt. Die Kuvertüre darin langsam schmelzen lassen. Dabei mit einem Teigschaber langsam rühren. Die Kuvertüre auf 40–45 °C erhitzen. Dann die geschmolzene Kuvertüre in ein Wasserbad von 25 °C stellen und unter vorsichtigem Rühren auf 28–30°C abkühlen. Anschließend wieder auf das heiße Wasserbad stellen und unter Rühren wieder auf 31-32°C erwärmen. Achtung: Hier ist die Temperaturspanne sehr klein!

2. Dann die flüssige Schokolade auf Alufolie oder Backpapier gießen und verstreichen. Abkühlen lassen und in Stücke brechen. Je 50 g Schokolade in einen Klarsichtbeutel geben. Die Vanilleschoten quer halbieren. In jeden Beutel zu der Schokolade je 1/2 Vanilleschote, 1 Zimtstange, 1 Chilischote, 1 Sternanis und 2 Stück Würfelzucker geben.

Zubereitung: Die Vanilleschote längs einritzen und mit dem übrigen Beutelinhalt in 300 ml Milch langsam erhitzen und kurz ziehen lassen. Die heiße Gewürzschokolade durch ein feines Sieb in vorgewärmte Tassen gießen und servieren.

Tipp: Für dieses Rezept und die Spekulatiusschokolade (S. 76) in diesem Buch benötigen Sie ein digitales Küchenthermometer. Nur so erzielen Sie ein optimales Ergebnis, und die Schokolade bekommt ihren typischen Schmelz und ihren satten Glanz.

Weiße Dominosteine

Zutaten
(für ca. 30 Stück)
80 g kandierte Papaya
50 g Mehl
50 g Kokosraspel
350 g Marzipan-rohmasse
30 g weiche Butter
3 Eier
Salz
50 g Zucker
2 EL Orangensaft
1 EL Zitronensaft
2 EL Johannisbeer-Gelee
150 g weiße Kuvertüre
Puderzucker für die Arbeitsfläche

1. ..... 40 g Papaya fein würfeln und mit Mehl und Kokosraspel gut vermengen. 70 g Marzipan reiben und mit der Butter verrühren. Die Eier trennen und das Eigelb nach und nach unterarbeiten, dabei ca. 3 Minuten weiterschlagen.

2. ..... Das Eiweiß mit 1 Prise Salz steif schlagen, den Zucker nach und nach unter Schlagen einrieseln lassen, bis ein fester Eischnee entsteht. Eischnee unter die Marzipancreme heben , dann die Mehlmischung zugeben und unterheben. Den Teig in eine mit Backpapier ausgelegte Form (30 cm x 20 cm) geben, glatt streichen und im heißen Ofen bei 180 °C 15 Minuten backen. Auskühlen lassen.

3. ..... Den Orangen- und den Zitronensaft mischen und den Teigboden damit tränken. Das Gelee in einem kleinen Topf unter Rühren erwärmen und glatt rühren. Das Gelee auf dem Teigboden rundherum dünn verstreichen.

4. ..... Das übrige Marzipan auf Puderzucker zu einem Rechteck (35 cm × 25 cm) möglichst dünn ausrollen. Die Marzipandecke auf den Teigboden legen und vorsichtig andrücken. Überstehendes Marzipan abschneiden. Die Teigplatte in ca. 30 gleich große Würfel schneiden und diese auf einer Arbeitsfläche verteilen.

5. ..... Die restliche Papaya fein hacken. Die Kuvertüre über einem heißen Wasserbad schmelzen und mit einem Esslöffel die Würfel zügig mit Streifen verzieren. Die Papaya sofort darauf verteilen und fest werden lassen.

Safran-Orangen-Nudeln

Zutaten (1 Portion, für 4 Personen)
1 Döschen Safran
½ TL fein abgeriebene Bio-Orangenschale
3 EL frisch gepresster Orangensaft
5 Eigelb
1 EL Olivenöl
1 Prise Cayennepfeffer
250 g Mehl
Mehl für die Arbeitsfläche

1. ..... Den Safran, die Orangenschale und den Orangensaft in einen Topf geben und leicht erwärmen. Vom Herd nehmen. Die Eigelbe, das Öl und den Cayennepfeffer in einer Schüssel verquirlen. Die Orangen-Safran-Mischung unterrühren. Das Mehl darübersieben und alles zu einem glatten Teig verkneten. Den Teig in Folie wickeln und 1 Stunde kalt stellen.

2. ..... Den Teig auf einer bemehlten Arbeitsfläche dünn (ca. 1 mm) ausrollen, dann in ca. 1 cm breite Streifen schneiden. Die Streifen locker zu Nestern drehen und auf einem Gitter mindestens 24 Stunden trocknen lassen.

3. ..... Die Nudelnester in ein großes Glas, einen Karton oder einen Klarsichtbeutel geben und verschließen. Die Nudeln kühl und trocken aufbewahren und innerhalb von 2 Wochen verbrauchen.

Schoko-Trüffel

Zutaten
(für ca. 50 Stück)
100 g Zartbitter-
kuvertüre
100 g Schlagsahne
400 g fertiger
Schokoladenbiskuit
100 g weiche Butter
1 TL gemahlener
Kardamom
5 EL Kaffeelikör
3 EL Kakaopulver

1. ..... Die Kuvertüre fein hacken. Die Sahne und die Kuvertüre in einen Topf geben und unter Rühren langsam schmelzen lassen. Vom Herd nehmen und auskühlen lassen.

2. ..... Den Biskuit fein zerbröseln. Die Butter cremig rühren. Nach und nach die Schokoladensahne zur Butter gießen und unterrühren. Den Kardamom zur Schokocreme geben und unterrühren.

3. ..... Die Schokocreme, die Biskuitbrösel und den Kaffeelikör sorgfältig verkneten und 15 Minuten kalt stellen. Aus der Masse ca. 50 Kugeln formen und diese rundherum in Kakao wälzen. In Dosen verpacken und kühl lagern.

Spekulatius-schokolade mit Aprikosen

Zutaten (für ca. 400 g)

25 g getrocknete Soft-Aprikosen
1 EL Amaretto (Mandellikör)
5 Spekulatius (ca. 50 g)
200 g Zartbitter-kuvertüre
100 g Vollmilch-kuvertüre
Alufolie oder Backpapier
Küchenpapier

1. ..... Die Aprikosen in kleine Würfel schneiden und mit dem Amaretto begießen. Den Spekulatius vorsichtig in kleine Stücke brechen.

2. ..... Die Kuvertüre auf einer sauberen Arbeitsfläche fein hacken. Wasser in einem Topf auf ca. 55 °C erhitzen. Einen zweiten Topf so daraufsetzen, dass er nicht mit dem heißen Wasser in Berührung kommt. Die Kuvertüre hineingeben und langsam schmelzen lassen. Dabei mit einem Teigschaber langsam rühren. Die Kuvertüre auf 40–45 °C erhitzen. Dann die geschmolzene Kuvertüre in ein Wasserbad von 25 °C stellen und unter vorsichtigem Rühren auf 27-28°C abkühlen. Anschließend die Kuvertüre wieder auf das heiße Wasserbad stellen und unter Rühren auf 29-30°C erwärmen. Achtung: Hier ist die Temperaturspanne sehr klein!

3. ..... Dann die flüssige Schokolade auf Alufolie oder Backpapier gießen und verstreichen. Sofort den Spekulatius darauf verteilen. Die Aprikosen auf Küchenpapier geben und abtupfen. Ebenfalls zügig auf der Schokolade verteilen. Die Schokolade fest werden lassen und in Stücke brechen.

Bunter Christbaumschmuck aus Marzipan

Zutaten (für ca. 30 Stück)
400 g Marzipanrohmasse
4 EL Puderzucker
je 1 Tube (10 g) rote und grüne Back- & Speisefarbe
Puderzucker für die Arbeitsfläche

1. ..... Je 200 g Marzipanrohmasse mit je 2 EL Puderzucker getrennt glatt verkneten. Eine dieser Marzipanportionen halbieren und die Hälften jeweils mit roter und grüner Speisefarbe kräftig einfärben.

2. ..... Die nicht eingefärbte Marzipanmasse auf Puderzucker 2–3 mm dick ausrollen und einfache Motive (Sterne, Herzen, Pilze, Sternschnuppen etc.) in verschiedenen Größen ausstechen und auf mit Backpapier ausgelegte Backbleche verteilen.

3. ..... Die eingefärbten Marzipanmassen ebenso ausrollen und ausstechen. Kleine Motive auf größere setzen und mit einem Holzstäbchen ein kleines Loch zum Aufhängen bohren. Mit einer Gabel evtl. Kerben in die Ränder drücken. Die Marzipanfiguren ca. 5 Minuten bei 220 °C im heißen Backofen backen. (Die Ränder sollen leicht gebräunt sein.) Herausnehmen und auskühlen lassen. Mit einem Pinsel die aufgesetzten Motive und die Ränder mit der restlichen Farbe bemalen und trocknen lassen.

Ministollen mit Aprikosen & Ingwer

Zutaten (für 8 Stück)

500 g Mehl
75 g Zucker
100 g gemahlene Mandeln
1 Prise Salz
1 Päckchen Vanillinzucker
abgeriebene Schale 1 Bio-Zitrone
250 g Butter
1/8 l Milch
1 Würfel Hefe (42 g)
1 Ei
75 g getrocknete Aprikosen
50 g kandierter Ingwer
200 g Puderzucker

1. ..... Das Mehl, den Zucker, die Mandeln, das Salz, den Vanillinzucker und die Zitronenschale in eine Schüssel geben. 200 g Butter bei schwacher Hitze schmelzen lassen. Die Milch lauwarm erwärmen. Die Hefe in die Milch bröckeln und darin unter Rühren auflösen. Die Hefemilch und das Ei zum Mehl geben und gut verkneten. Die geschmolzene Butter zugeben und sorgfältig unterarbeiten. Den Teig zu einer Kugel formen, mit etwas Mehl bestäuben und mit einem sauberen Geschirrtuch zudecken. 45 Minuten an einem warmen Ort gehen lassen.

2. ..... Die Aprikosen und den Ingwer fein würfeln. Beides zum Teig geben und sorgfältig unterkneten. Den Teig in 8 gleich große Stücke teilen. Auf einer bemehlten Arbeitsfläche zu einem Quadrat (12 cm × 12 cm) ausrollen. Das Teigquadrat umklappen und einen 1 cm breiten Rand frei lassen, vorsichtig festdrücken und zu einem Stollen formen. Die Ministollen auf ein mit Backpapier ausgelegtes Backblech legen und nochmals 15 Minuten gehen lassen. Dann bei 180 °C 15 Minuten goldbraun backen.

3. .... Inzwischen 50 g Butter bei schwacher Hitze schmelzen lassen. Die fertigen Stollen aus dem Ofen nehmen und sofort mit der flüssigen Butter bestreichen und mit Puderzucker bestäuben. Die Stollen auskühlen lassen, dann fest in Frischhaltefolie wickeln und 1 Woche durchziehen lassen. In Seidenpapier wickeln und dieses mit Schmuckband festbinden.

Orientalische Polenta

Zutaten (für 1 Beutel, 4–6 Personen)
250 g feiner Maisgrieß (Polenta)
1/2 TL gemahlener Kreuzkümmel
1/2 TL gemahlener Zimt
2 Sternanis
2 EL Rosinen
2 EL gehackte Mandeln

Maisgrieß, Gewürze, Rosinen und Mandeln in ein Weck-Glas oder einen Klarsichtbeutel füllen, verschließen und beschriften.

Zubereitung: 1 Liter kräftige Gemüsebrühe aufkochen. Die Polentamischung unter Rühren einrieseln lassen. Die Polenta bei schwacher Hitze unter Rühren ca. 10 Minuten quellen lassen. Die Zimtstange und den Sternanis entfernen. Die Polenta mit Salz und Pfeffer abschmecken und 2-3 EL Olivenöl unterrühren.

Bananenbrot

Zutaten
(für 1 großes Brot)
400 g geschälte Bananen
2 EL Zitronensaft
125 g weiche Butter
150 g Zucker
1 Prise Salz
2 Eier
220 g Mehl
100 g gemahlene Mandeln
1 Päckchen Backpulver
2-3 EL brauner Rum
Fett und Mehl für die Form

1. ..... Die Bananen fein zerdrücken und mit dem Zitronensaft mischen. Die Butter, den Zucker und das Salz ca. 5 Minuten cremig rühren. Die Eier nacheinander sorgfältig unterrühren. Das Mehl, die Mandeln und das Backpulver mischen. Die Mehlmischung und das Bananenpüree abwechselnd zur Butter-Zucker-Mischung geben und unterrühren. Den Rum unterrühren.

2. ..... Den Teig in eine gefettete und mit Mehl bestäubte Kastenform (25 cm Länge) geben und im heißen Ofen bei 180 °C ca. 70 Minuten backen. Aus dem Ofen nehmen, kurz abkühlen lassen und stürzen.

Orangen-Kürbis-Marmelade

Zutaten (6 Gläser à 200 ml)

1 Hokkaido Kürbis (ca. 1 kg)
6 Orangen (2 davon Bio)
2 EL Zitronensaft
500 g Gelierzucker (2:1)
1 Vanilleschote
1/2 TL gemahlener Zimt
Mulltuch

1. ..... Den Kürbis waschen, vierteln, putzen und entkernen. Das Fruchtfleisch in kleine Würfel schneiden. Die Kürbiswürfel in 150 ml Wasser aufkochen und bei mittlerer Hitze ca. 10 Minuten garen. Die Kürbismasse auf ein Mulltuch geben und abtropfen lassen.

2. ..... Die Bio-Orangen waschen und trockenreiben. Die Schale mit einem Zestenreißer zu dünnen Streifen abziehen oder fein abreiben. Alle Orangen so schälen, dass die weiße Haut entfernt ist. Die Orangenfilets aus den Trennhäuten herausschneiden, den Saft dabei auffangen.

3. ..... 1 kg Kürbismasse und Orangenfilets samt Saft abwiegen. Kürbis, Orangenfilets, Orangensaft, Zitronensaft und Gelierzucker in einem Topf vermengen. Die Vanilleschote längs aufschneiden und das Mark herauskratzen. Das Vanillemark, die Vanilleschote und den Zimt zugeben. Alles unter Rühren aufkochen und 3 Minuten sprudelnd kochen lassen.

4. ..... Die Gewürze entfernen, die Masse mit einem Pürierstab kurz pürieren und dann sofort in vorbereitete Gläser füllen und verschließen. Die Gläser 5 Minuten auf den Deckel stellen, dann wieder umdrehen und auskühlen lassen.

Register der Rezepte

Bildnachweis

Maike Jessen, Hamburg: 15, 18, 29, 33, 39, 59, 65, 69, 75, 83;
Chandima Soysa, Stuttgart: 25, 45, 46, 49, 50, 84;
sil007 - Fotolia.com: 21, 70;
sarsmis - Fotolia.com: 26, 42;
Carmen Steiner - Fotolia.com: 34;
Daorson - Fotolia.com: 40;
Comugnero Silvana - Fotolia.com: 53;
Tavi - Fotolia.com: 56;
Jörg Beuge - Fotolia.com: 60;
Maksim Shebeko - Fotolia.com: 78;
JJAVA - Fotolia.com: 87;
Claudio C. - Fotolia.com: 88.

Verlag und Autorin danken allen Rechteinhabern für die freundliche Genehmigung zum Abdruck.

Die Autorin

Ira König ist studierte Umwelt- und Gesundheitspädagogin und leidenschaftliche Köchin. Sie hat lange für namhafte Food-Zeitschriften als Redakteurin gearbeitet und ist heute als freie Food-Journalistin und Autorin erfolgreich. Es sind bereits zahlreiche Kochbücher von ihr erschienen (www.irakoenig.de).